# Perfiles profesionales 2.0



Cristina Aced

Dirección editorial: Lluís Pastor

Diseño del libro y de la cubierta: Natàlia Serrano
La UOC genera este libro con tecnología XML/XSL.

Primera edición: febrero 2010

Rambla del Poblenou, 156, 08018 Barcelona
www.editorialuoc.com
Impresión:
ISBN: 978-84-9788-116-6
Depósito Legal:

## Nuestro contrato

Este libro le interesará si usted quiere saber:

- Cómo la Web 2.0 está transformando el mercado laboral.
- Cuáles son los nuevos perfiles profesionales que surgen en el ámbito de la comunicación (relaciones públicas, marketing y publicidad).
- Qué competencias son básicas para sobrevivir profesionalmente en este entorno.
- Cómo estar preparado para el futuro laboral inmediato.

# Índice de contenidos

## Trabajar en la era 2.0

¿Te conectas a Internet a menudo? ¿Cuántas horas navegas por la Red al día? ¿Tienes un perfil en Facebook? ¿Sueles leer blogs? Cuando buscas información, ¿recurres a Google? ¿Has visto un vídeo de YouTube en la última semana? Seguramente, habrás respondido afirmativamente a alguna de estas preguntas (si no a todas). No es de extrañar: casi la mitad de población española mayor de 14 años utiliza Internet y el uso de las herramientas participativas, como las redes sociales, es muy intenso. Así lo revela la última encuesta a usuarios de Internet (Navegantes en la Red), que cada año realiza la Asociación para la Investigación de Medios de Comunicación (AIMC).

La mitad de los internautas españoles está registrada en alguna red social y una cuarta parte, en más de una. ¿Con qué objetivos? Principalmente, para establecer y mantener relaciones personales, para compartir aficiones o por relaciones laborales. La mayoría de los usuarios se conecta a las comunidades virtuales a diario o muy a menudo: Facebook ha pasado de estar entre los 100 sitios web más visitados en 2007 a ocupar el octavo lugar en el último año.

Los blogs son las otras grandes estrellas de la Web 2.0: uno de cada seis internautas los visita a menudo y una cuarta parte accede habitualmente a blogs de carácter profesional, dato que evidencia la relevancia de estas herramientas en el mundo laboral.

Pero los internautas no sólo acceden a estas plataformas 2.0 para leer contenidos, adoptando un perfil pasivo, sino que la mitad de ellos genera contenidos propios (fotos, texto o vídeos) y los comparte en la Red. El uso de los dispositivos móviles (teléfono móvil, agenda electrónica, videoconsola) para acceder a Internet también aumenta año tras año.

Y es que la Red levanta pasiones. De hecho, Internet es el medio que más ha crecido este último año, según datos de AIMC, mientras el consumo de diarios y revistas disminuye.

El 70% de los usuarios accede cada día a Internet, un 85% lo hace desde casa y una cuarta parte, desde el trabajo. La relación entre trabajo e Internet cada día es más estrecha, no ya porque la Red sea un gran escaparate para buscar y encontrar trabajo, sino porque en torno a ella se están creando grandes oportunidades profesionales.

La mayoría de los adolescentes (casi un 90%), que son los trabajadores del mañana, se conecta a diario a las redes sociales, según un estudio reciente de Deloitte. Este dato quizá no sorprende, pero más curioso resulta saber que más de la mitad dudaría en aceptar una oferta laboral si le prohibieran acceder a la Red en el lugar de trabajo. Mientras, muchas empresas limitan la navegación en horario laboral aludiendo motivos de productividad y eficiencia.

Internet forma parte de la vida diaria, es ya algo tan natural como respirar. Llegamos a la oficina y revisamos nuestro correo electrónico. Hemos sustituido el fax por los documentos escaneados y enviados por e-mail. Nuestros compañeros de trabajo no siempre están físicamente en la misma oficina que nosotros, puede que incluso estén en otra ciudad u otro país. Usamos la mensajería instantánea para comunicarnos con ellos y, cuando necesitamos hablar, lo hacemos a través del ordenador. Para trabajar en equipo y a distancia, contamos con aplicaciones en línea y entornos participativos como los Wikis, donde podemos compartir información con nuestros compañeros y trabajar de forma simultánea a través de la Red.

Internet nos facilita el trabajo y también ocupa gran parte de nuestro ocio pero, ¿puede convertirse también en nuestra ocupación profesional? Cada vez son más las personas que tienen puestos de trabajo relacionados con las nuevas tecnologías. La Red puede convertirse en una fuente de oportunidades laborales. ¿Has pensado alguna vez en quién anima la conversación en ese grupo de Facebook de tu marca favorita del que te hiciste fan? ¿Sabes quién actualiza ese blog que lees a diario? ¿Te has preguntado alguna vez por qué en algunos sitios web que visitas es un placer navegar y resulta muy fácil localizar la información mientras que en otros no consigues encontrar nunca lo que te interesa? Cuando haces una búsqueda en Google, ¿sabes por qué algunos resultados aparecen antes que otros? ¿Te preguntas por qué algunas marcas tienen una gran presencia en la Red y otras apenas existen, digitalmente hablando?

La respuesta a todas estas cuestiones se encuentran en los nuevos perfiles profesionales. Los *community managers* gestionan la comunicación entre la empresa y sus públicos, y tanto pueden dinamizar la conversación que se genera en una red social como actualizar los contenidos del blog de la empresa. Los arquitectos de la información se encargan de que la estructura del web sea intuitiva y de que los contenidos sean fáciles de localizar. Los diseñadores gráficos consiguen que el sitio resulte atractivo sin dejar de ser usable y accesible. Los redactores digitales hacen que los contenidos sean interesantes, fáciles de leer e interactivos. Los analistas web sitúan las plataformas digitales de la empresa en las primeras posiciones de los buscadores. Los responsables de comunicación *on-line* y los gestores de reputación digital gestionan la presencia *on-line* de la compañía. Y la lista podría ser mucho más larga.

Son sólo algunos ejemplos de tareas que se realizan a diario en muchas empresas, y que demuestran que la Red no sólo es un lugar de ocio, sino que también puede ser un lugar de trabajo. Hace sólo unos años, todos estos profesionales se dedicaban a otras cosas, porque estos cargos no existían. El auge del uso de Internet está haciendo que aparezcan nuevas ocupaciones laborales, en especial en el ámbito del marketing, las relaciones públicas y la publicidad. Un nuevo medio genera nuevas necesidades y éstas se traducen en oportunidades laborales. Se necesitan profesionales preparados para dar respuesta a las nuevas demandas del mercado. ¿Quieres aprovechar la oportunidad? En las páginas siguientes descubrirás algunas de las nuevas profesiones que demanda la sociedad de la información, en qué consisten y cuáles son las competencias necesarias para desempeñarlas con éxito y para estar preparado para el futuro laboral inminente.

## EL NUEVO MERCADO LABORAL

Vivimos en la era de la información y la comunicación. Las nuevas tecnologías tienen un papel relevante e influyen en todos los ámbitos de nuestra vida (social, cultural, político, económico). En este contexto, hay autores que vaticinan el fin del trabajo y otros que hacen una lectura más optimista y ven en él la oportunidad de un nuevo mercado laboral más flexible, con nuevas ocupaciones.

Por una parte, la idea del trabajo para toda la vida ya no existe. La movilidad laboral es cada vez mayor y esto no es algo que venga impuesto únicamente por los cambios que se han producido en el mercado laboral y la situación económica actual, aunque estos influyen de forma directa. También ha cambiado la forma de entender el trabajo, que ya no se ve únicamente como una fuente de ingresos (que también, por supuesto) sino como una fuente de realización personal. Ahora los profesionales esperan de su trabajo no sólo una compensación económica, sino también otras recompensas menos tangibles: reconocimiento, la oportunidad de crecer personalmente y de desarrollar sus capacidades, una mejora continua, la posibilidad de desarrollar su creatividad... Y para lograrlo están dispuestos a cambiar de trabajo, si es necesario. Por lo tanto, nos encontramos con un contexto laboral que cada vez apuesta menos por la contratación indefinida y, en paralelo, a muchos trabajadores dispuestos a cierta movilidad con el objetivo de conseguir una mayor realización profesional y personal.

Por otra parte, Internet ha revolucionado el mercado laboral, tanto a nivel de procesos como de ocupaciones, ya que las nuevas tecnologías permiten una nueva forma de organizar el trabajo. Ya no es necesario compartir espacio físico para trabajar juntos, sino que se puede trabajar en línea, comunicarse a través del ordenador y reunirse a través de videoconferencias. Esto afecta al uso del tiempo y también a la forma de relacionarse con los demás.

Las nuevas tecnologías transforman el empleo en general e influyen de forma especial en sectores como el de la comunicación (relaciones públicas, marketing y publicidad). Se crean nuevos puestos de trabajo y otros ya existentes se transforman para adaptarse a las nuevas necesidades. Que el director de marketing domine el ciclo de vida del producto y centre la campaña de lanzamiento en los medios de comunicación *off-line* ya no es suficiente. Además, necesita conocer toda una serie de nuevas plataformas *on-line*, en las que seguramente estarán muchos de sus clientes. Las relaciones públicas también han de adaptarse e incluir las herramientas 2.0 en sus planes de acción.

El uso de estas nuevas plataformas y herramientas precisa de nuevos profesionales capaces de desempeñar funciones hasta ahora inexistentes, como el posicionamiento en buscadores o la gestión de conversaciones *on-line*. Las organizaciones empresariales necesitan adaptarse a estos cambios para intentar asegurar su pervivencia y los profesionales han de adaptarse a estas nuevas necesidades si quieren ser competitivos en el mercado laboral.

## La Web 2.0

Nos hemos referido a herramientas 2.0. A lo largo del libro, añadiremos esta etiqueta a muchos otros conceptos. Pero ¿qué significa 2.0? Aunque pueda parecer muy técnico, en realidad Web 2.0 es el nombre que se da a la nueva etapa de Internet, más dinámica y participativa que la anterior (que sería la 1.0). El primero en utilizar este término fue Tim O'Reilly, fundador y presidente de la editorial O'Reilly Media, en el 2004. La Web 2.0 es la evolución de la primera generación de Internet. No hemos de olvidar que los orígenes de la Red que conocemos actualmente se encuentran en ARPANET, una red con fines militares que más tarde se extendió al ámbito científico y universitario. Es en los años noventa cuando Tim Berners-Lee crea la World Wide Web, las famosas www, cuando se inicia el uso comercial de Internet. Esta primera etapa (la Web 1.0, siguiendo con la terminología propuesta por O'Reilly) se caracteriza por ser estática y unidireccional. Es el momento de las páginas web, por entonces nada fáciles de actualizar. Los usuarios eran sólo consumidores de contenidos que otros habían creado. Para estar presente en la Red (usaremos Web, Red e Internet como sinónimos) había que tener conocimientos informáticos avanzados. Más tarde llegarían los foros y los chats, unas plataformas mucho más fáciles de usar y que, por primera vez, se centraban en el usuario y le invitaban a participar. La Web caminaba hacia la interactividad, es decir, hacia el 2.0.

Desde entonces, Internet ha ido evolucionando y ha dado paso a aplicaciones 2.0, más dinámicas y participativas, de ahí que a esta etapa también se la conozca como Web social. Gracias a herramientas fáciles de usar, como los blogs y las redes sociales, ya no es necesario tener conocimientos técnicos para publicar contenidos en la Red. Llevado al terreno del marketing y la comunicación, esto significa que los consumidores pueden expresar su opinión sobre un producto o servicio y que cualquier persona de cualquier parte del planeta puede leerla. Los clientes ya no son una masa anónima y pasiva que recibe los mensajes de los anunciantes sin posibilidad de manifestar su punto de vista. Los clientes son activos y participativos, tienen opinión (siempre la tuvieron) y ahora pueden compartirla con quien deseen. Si antes un cliente insatisfecho le contaba su mala experiencia a su círculo más cercano de familiares, amigos y conocidos, hoy en día su influencia se multiplica exponencialmente gracias a las plataformas 2.0.

Las herramientas participativas más populares son los blogs (que pueden crearse gratuitamente en sitios como Blogger y Wordpress), las redes sociales (Facebook, LinkedIn...), el microblogging (liderado por Twitter) y los sitios web para compartir vídeos (YouTube), imágenes (Flickr), presentaciones (Slideshare) y enlaces (Delicious).

Más allá del concepto, 2.0 es una mentalidad, una forma de entender la Web; no es tanto una tecnología como una forma de usarla. La filosofía 2.0 se basa en principios como compartir y participar, y entiende la Red como una gran conversación. (Profundizaremos en estos aspectos en el capítulo "Netiqueta social. Las normas no escritas".)

Con el auge de la Web social, se ha acuñado un vocabulario específico que interesa conocer para no perderse en este nuevo escenario. Éste es el glosario básico para entender la Web 2.0:

- **Agregador o lector de feeds:** software *on-line* u *off-line* que recibe automáticamente las actualizaciones de las páginas con tecnología RSS: noticias, posts, entradas en redes sociales...

Algunos de los agregadores *on-line* más conocidos son Bloglines, Google Reader y Newsgator.

- **Blog:** sitio web actualizado regularmente con artículos (posts) escritos en tono informal y que se presentan en orden cronológico inverso.
- **Blogosfera:** el conjunto de blogs.
- **E-wom:** boca a boca electrónico, del inglés *electronic worth of mouth*.
- **Etiqueta o "tag":** palabra clave que se asigna a un post o una conversación para clasificarlo según el tema que trata.
- **Microblogging:** servicio que permite a los usuarios escribir mensajes cortos, de 140 caracteres, y compartirlos con el resto de internautas.
- **Monitorizar:** seguir las conversaciones que tienen lugar en la Red para saber lo que se dice sobre un tema concreto.
- **Post:** entrada o anotación que se hace en un blog. Puede contener texto, imagen y audio.
- **Red social o comunidad virtual:** sitio web que permite crear un perfil personal, ponerse en contacto con el resto de miembros que forman parte de la red y compartir contenidos con ellos. Las redes sociales generalistas más populares son Facebook, MySpace, LinkedIn...

- **RSS (Real Simply Syndication):** tecnología que permite la distribución automática de contenidos a través de la Red y sirve para enviar actualizaciones a los lectores de *feeds*.
- **Social media:** medios sociales, aquellos donde el contenido lo crean los propios usuarios: blogs, redes sociales, microblogging... El término *social media* se emplea en contraposición al término *mass media* (medios de comunicación de masas).
- **Wiki:** sitio web colaborativo que puede ser editado por varios usuarios a la vez y permite crear contenido compartido.

## Entender el nuevo contexto

¿Qué ha cambiado en el mercado? ¿Por qué son necesarios nuevos perfiles profesionales? Suele decirse que el consumidor ha cambiado, aunque en realidad no ha cambiado tanto. El consumidor de hoy en día pide más y se queja si algo no funciona bien, pero esto no es algo nuevo. La diferencia reside en que, hasta no hace mucho, el consumidor compartía sus opiniones y críticas con su círculo más cercano y, actualmente, las herramientas 2.0 aumentan su nivel de influencia y le permiten compartir esta información a nivel global. Puede explicar su experiencia en un blog o en una red social, grabar un vídeo y compartirlo en

YouTube... La tecnología pone a su disposición diversas plataformas en las que hacer oír su voz.

Lo que cambia no es, por tanto, el consumidor en sí mismo. La verdadera revolución está relacionada con el auge de las nuevas tecnologías y la rápida expansión y (casi) democratización del uso de Internet. Las nuevas tecnologías cambian los hábitos de consumo y modifican también el comportamiento del consumidor. Sin embargo, no hay que confundir el contenido con el continente. Las nuevas herramientas son medios, pero nunca un fin en sí mismas. La Web 2.0 es una filosofía, una forma de entender Internet, más que una tecnología. 2.0 significa compartir información y conocimiento, es sinónimo de colaboración y participación. La era 2.0 es, en definitiva, la era de la conversación global: los consumidores de cualquier parte del mundo pueden compartir sus experiencias a través de la Red.

Como vemos, el contexto empresarial ha cambiado. Los clientes han evolucionado y son ahora consumidores 2.0, mientras que muchas empresas todavía están en la era 1.0, la mayoría por miedo a este nuevo escenario que desconocen. Por lo tanto, hoy en día existe una distancia muchas veces abismal entre la oferta y la demanda, porque esta última se está renovando constantemente, mientras que la oferta permanece estática y sigue siendo convencional, en muchos casos.

Todo cambio implica incertidumbre. En chino, la palabra crisis está compuesta por dos ideogramas, que podríamos traducir como "peligro" y "oportunidad". Ante este nuevo mercado laboral, podemos quedarnos paralizados por el miedo o aprovechar las nuevas posibilidades que ofrece. Por una parte, las empresas que no quieran poner en peligro su continuidad, deberán plantearse cómo dar respuesta a estas nuevas necesidades; por otra, los profesionales han de saber que pueden emplear las nuevas herramientas 2.0 para cubrir ese abismo que separa oferta y demanda.

## ¿Por qué a la empresa le interesa adaptarse a este nuevo contexto?

La primera razón de ser de las empresas son los clientes, pues sin clientes no hay ventas. No es difícil entonces entender por qué a las empresas les interesa adaptarse a este nuevo contexto. ¿Significa esto que aquellas compañías que no se reinventen para adecuarse a las condiciones del nuevo mercado están condenadas a desaparecer? Estableciendo una analogía con la teoría de la evolución de las especies de Darwin, podemos afirmar que estarán más expuestas a ello, al estar menos adaptadas a las nuevas circunstancias. La selección natural del mercado podría hacer que desaparecieran.

Como dice el Manifiesto Cluetrain (Locke et al., 1999), convertido ya en un clásico de la filosofía 2.0, los mercados son conversaciones, y ya no pueden entenderse desde un punto de vista unidireccional, liderado por la empresa. Hace ya algún tiempo que las compañías entendieron que preocuparse por la comunicación y el marketing era tan necesario como interesarse por las finanzas y las operaciones para salir adelante en un mercado cada vez más competitivo. Sin embargo, durante décadas han llevado la voz cantante y se han acostumbrado a ser las únicas fuentes emisoras de mensajes relacionados consigo mismas y sus productos. Por supuesto, los clientes tenían una opinión acerca de ellas y por todos era conocida la capacidad del boca a boca, aunque se sabía que su alcance era limitado. Ahora, con las herramientas participativas, este boca a boca pasa a ser digital (conocido como *e-wom*, *electronic worth of mouth*). Gracias a Internet, prácticamente desaparecen los límites geográficos y se rompen las barreras de espacio y tiempo.

En este nuevo mercado, las empresas pueden controlar los mensajes que emiten, pero no cómo éstos serán recibidos e interpretados por los consumidores, que añadirán valor a estas informaciones a partir de su propia experiencia y conocimiento. La conversación digital no se puede controlar, pero esto no es algo nuevo. Tampoco se puede controlar la conversación fuera de la Red. En el fondo, la Web 2.0 no es más que un reflejo de la vida real en el mundo no digital. Sin embargo, que no cunda el pánico, la conversación se puede gestionar. La empresa no podrá controlar lo que se dice sobre ella en las redes sociales o en los blogs, pero podrá gestionar estas opiniones y comentarios, y participar en esa conversación. De ahí que la monitorización de la conversación (el seguimiento de lo que se dice en la Red) sea tan importante para poder responder a la pregunta de un cliente, agradecer una crítica positiva compartida en una red social, corregir un dato erróneo o atender una queja por la prestación deficiente de un servicio. Todas estas acciones conforman la identidad digital de la empresa y serán la clave a la hora de definir su reputación digital.

Como ya hemos visto, los consumidores demandan una nueva forma de hacer las cosas en el terreno empresarial. Aquellos clientes que están participando en la conversación global esperan ser atendidos si así lo solicitan. Es decir, si formulan una pregunta o una duda sobre un producto o marca, esperan respuesta por parte de la empresa, de la misma forma que si se quejan por la atención que han recibido o proponen una mejora sobre un producto. Quedarse fuera de esta conversación significa arriesgarse a tener una mala reputación digital para el consumidor 2.0 o, lo que es peor, no existir para él. Y, ¿quién comprará un producto que no sabe que existe?

## ¿Por qué al profesional le interesa reinventarse?

Siguiendo con el paralelismo de la teoría de la selección natural de Darwin, los profesionales de las relaciones públicas, el marketing y la publicidad que no se adapten a este nuevo escenario laboral estarán más expuestos a quedar fuera del mercado que aquellos que evolucionen y adquieran las competencias necesarias para desenvolverse con soltura en el contexto 2.0. Se trata de reinventarse o morir, profesionalmente hablando.

Desde hace años, la formación continua a lo largo de la vida es una obligación para mantenerse al día de las últimas tendencias, pero nunca antes la actualización de conocimientos había sido tan relevante como ahora. Esto se da en todos los sectores, aunque de forma especial en el de la comunicación y el marketing. La idea de acabar los estudios universitarios o el ciclo formativo y olvidarse de los libros pertenece a un pasado ya muy lejano. Y cuando hablamos de libros no lo hacemos de forma literal, porque la actualización de conocimiento ya no pasa necesariamente por el libro impreso o por las aulas convencionales (aunque también). Las formas de aprendizaje y los métodos de enseñanza también se han adaptado a los nuevos tiempos: se puede estudiar en universidades virtuales, cursar programas en línea, asistir a webinars (seminarios vía web) y aprender compartiendo conocimientos a través de blogs y redes sociales, tanto generalistas como especializadas. La información está a sólo un "click". Asistimos a la democratización del saber.

De hecho, el aprendizaje de las herramientas 2.0 se basa en este modelo de conocimiento compartido a través de la Red. Aunque empieza a haber una oferta de calidad de cursos sobre comunicación y marketing 2.0, la aparición de estas áreas del conocimiento en los programas de formación reglada es todavía anecdótica. Por eso es necesario recurrir a otros canales para mantenerse al día en estos ámbitos.

Por el momento, los profesionales que se dedican a estos nuevos cargos (*community manager*, posicionamiento en buscadores...) o que incorporan nuevas competencias en sus puestos de trabajo ya existentes (relaciones públicas 2.0, gestión de la reputación *online*...) se han formado a partir de su experiencia de usuario; es decir, que han aprendido a usar estas herramientas de forma autodidacta. Es más, ni siquiera existe un compendio teórico del campo, sino que las reglas se van escribiendo sobre la marcha y se basan en las "buenas prácticas". La tecnología avanza rápido (ya se habla de la Web 3.0) y el mercado pide respuestas inmediatas a las necesidades del momento. No hay tiempo que perder.

Saber cómo planificar una campaña de medios *off-line*, enviar notas de prensa por e-mail o mantener actualizada la página web de la empresa ya no es suficiente. Los profesionales del marketing y la comunicación han de estar preparados para dar respuesta a las nuevas necesidades del mercado laboral, y seguir así siendo competitivos, de la misma forma que las empresas necesitan incorporar a sus plantillas (o subcontratar) profesionales que sepan dar respuesta a la nueva demanda, para poder satisfacer las nuevas necesidades del consumidor.

Ante este nuevo escenario comercial y laboral, los profesionales juegan con ventaja, porque son el eslabón que permite a la empresa conectarse con el nuevo mercado y dar respuesta al consumidor 2.0. Para ello, tendrán que estar adecuadamente preparados y haber desarrollado las competencias necesarias para desempeñar estas funciones con éxito. Pero ¿cuáles son estas nuevas funciones? ¿Qué nuevos yacimientos profesionales emergen en la sociedad de la información? En el siguiente capítulo respondemos a estas cuestiones.

# NUEVOS PERFILES PROFESIONALES

Cada seis meses, hay medio millón de nuevos usuarios de Internet en España. La mitad de los internautas españoles forma parte de alguna de red social, como Tuenti o Facebook, y publica contenidos propios en la web de forma regular, principalmente fotos, textos y vídeos, según los últimos datos de la Asociación para la Investigación de Medios de Comunicación (AIMC). Estas cifras muestran la rápida evolución del acceso y uso de Internet en España, unos cambios que influyen en la sociedad en general y de forma especial en algunos ámbitos, como el laboral, no sólo en el ámbito organizativo (trabajo flexible a distancia), sino también en cuanto a perfiles profesionales. Internet ha revolucionado el mercado laboral y ha hecho que aparezcan nuevas profesiones y que otras ya existentes tengan que adaptarse a las nuevas condiciones.

## Tres disciplinas que van de la mano

Las relaciones públicas, el marketing y la publicidad son tres actividades distintas, aunque estrechamente relacionadas, pues todas se engloban en el ámbito de la comunicación de la empresa. Según la American Marketing Association (AMA), la publicidad es una forma de comunicación pagada por una institución (ya sea una empresa, una organización sin ánimo de lucro o una agencia gubernamental) o por una persona cuyo objetivo es persuadir a una determinada audiencia sobre los beneficios de sus productos, servicios o ideas. Para esta misma asociación, el marketing es la función y el conjunto de procesos que consiste en crear, comunicar y ofrecer valor a los consumidores, además de gestionar las relaciones con los clientes de forma que beneficie a la organización y a sus grupos de interés. Por último, la AMA define las relaciones públicas como una forma de gestión de comunicación que busca influir en las percepciones y los sentimientos que tienen las personas sobre la empresa y/o sus productos, a través de formas no pagadas (ya que en ese caso se trataría de publicidad), como el envío de notas de prensa a los medios de comunicación (*publicity*).

En el libro *10 ensayos de comunicación institucional* [Mora (ed.), 2009], José María la Porte explica que el marketing estudia los mercados para crear productos y servicios que respondan a las necesidades de los potenciales consumidores, a la vez que desarrolla programas de distribución y comunicación que permitan incrementar las ventas; este autor define publicidad como aquella actividad en la que una institución realiza un desembolso económico por colocar un mensaje en un medio de comunicación para así persuadir a una audiencia determinada hacia un comportamiento o actitud, y explica que las relaciones públicas consisten en la gestión de la comunicación entre una organización y sus públicos con el objetivo de conseguir aceptación pública.

El entorno 2.0 hace que los límites de estas tres disciplinas distintas aunque complementarias se desdibujen y evidencia aún más la necesidad de gestionarlas de forma coordinada en toda la organización, con una visión de conjunto y no como parcelas independientes. Es decir, aunque en la empresa existan departamentos diferenciados para cada una de ellas y responsables de cada área, estos deberían trabajar en estrecha colaboración y gestionar la comunicación de forma transversal.

Es importante tener claros estos conceptos, puesto que todos los perfiles profesionales que vamos a comentar a continuación se enmarcan en el ámbito de la comunicación de la empresa, pero trabajan aspectos distintos; algunos hacen referencia al marketing, otros a las relaciones públicas y otros a la publicidad. No tener clara esta distinción dificultaría la correcta comprensión de estas profesiones y de sus ámbitos de actuación.

## ¿Nuevas profesiones o una adaptación de las existentes?

Con el auge de Internet y el uso masivo de la Red por parte de los consumidores, las empresas han de reorientar sus estrategias para incluir este nuevo medio en sus planes de comunicación. Una empresa se debe, principalmente, a sus clientes y si sus clientes están en la Red, la compañía debería estar allí. Para poder asumir estos nuevos retos, es necesario que cuenten con profesionales preparados que sepan cómo comportarse en este nuevo escenario y conozcan las reglas del juego. Esto no significa que haya que renovar por completo los departamentos de comunicación, de marketing y de publicidad, pero sí que los profesionales que trabajan en ellos deberían actualizar sus conocimientos para poder dar respuesta a las nuevas necesidades. En paralelo, puede interesar incorporar a nuevos profesionales con experiencia en el uso de Internet y de la Web 2.0 para desarrollar funciones concretas relacionadas con este medio.

En las siguientes páginas, repasaremos la evolución de puestos de trabajo ya existentes (y en muchos casos, consolidados) en las áreas de comunicación y marketing y presentaremos algunos de los nuevos perfiles que surgen en este contexto. No se trata de un listado exhaustivo, sino de un repaso de los más relevantes a día de hoy, aquellos que ya son una realidad en los organigramas de algunas empresas españolas. Para la elaboración de este listado ha resultado muy útil la colaboración de todas las personas que participaron en una encuesta realizada a través del blog Blog-o-corp (www.cristinaaced.com/blog). El interés que despertaron los resultados de este estudio impulsó la publicación de este libro.

### Director de marketing on-line

Éste es un claro ejemplo de un perfil profesional adaptado a las nuevas circunstancias. Las funciones de un director de marketing *on-line* son las mismas que las de un director de marketing tradicional, a las que se suma un nuevo ámbito: la Red. El principal objetivo del marketing es que la empresa venda más. Un director de marketing se encarga de:

- Estudiar el mercado para detectar nuevas necesidades de los consumidores y pensar cómo la empresa puede satisfacerlas.
- Definir la estrategia de marketing de la empresa. Esta estrategia se traduce en líneas de acción concretas para cada uno de los productos de la empresa, que se especifican en el plan de marketing y que deben adaptarse al presupuesto disponible.
- Diseñar el plan de marketing, ejecutarlo y hacer un seguimiento de los resultados. La medición y evaluación de los resultados permite ajustar la

estrategia previamente definida a los cambios que se vayan produciendo y adaptarla a las necesidades del mercado.

Del plan de marketing, destacaremos el *marketing-mix*, que consiste en definir lo que se conoce como las cuatro "pes": *product*, *price*, *place* y *promotion*, aunque en castellano no se cumpla la norma: producto, precio, distribución y promoción. En esta última variable, la de la promoción de producto, se incluye la comunicación comercial, que en muchas ocasiones se confunde con la comunicación corporativa, aunque no sea lo mismo. La comunicación comercial tiene una finalidad comercial, como su propio nombre indica y suele centrarse en productos y marcas, y no en la organización propiamente dicha. Su principal objetivo es traducirse en ventas. Dentro de este tipo de comunicación se incluiría, por ejemplo, la publicidad, las promociones y el marketing directo. La comunicación corporativa centra sus objetivos en dar a conocer la empresa en sí misma, y también sus productos, pero de una forma menos comercial y a través de otros canales. De este tipo de comunicación dependería, por ejemplo, la relación con los medios. A estas confusiones habituales se suma el hecho de que, en algunas empresas, la dirección de marketing y la dirección comercial recaen sobre una misma persona. En estos casos, a las funciones típicas de marketing se sumaría la dirección y supervisión del equipo de ventas, la definición de las políticas comerciales y la previsión de ventas.

El director de marketing *on-line* añade a las funciones que acabamos de comentar la gestión de un nuevo canal: Internet. Es decir, que debe incluir en su plan de marketing las plataformas *on-line*, y tenerlas en cuenta a la hora de diseñar el *marketing-mix*, en especial en lo que se refiere a la promoción comercial.

Actualmente, la figura del director de marketing *on-line* no suele ser independiente de la del director de marketing, aunque en algunos casos las nuevas funciones en línea recaen sobre un nuevo profesional, que se integra dentro del departamento de marketing de la empresa. Esto último es esencial: no tiene sentido entender el marketing *on-line* como algo independiente del marketing tradicional, sino que las empresas deberían apostar por una gestión integral del marketing y la comunicación.

En esta línea, es importante no confundir estas nuevas necesidades con la aparición de una nueva disciplina totalmente independiente. El marketing *on-line* no pretende suplantar el lugar que hasta ahora ocupaba el marketing *off-line*, sino que lo complementa. Las bases del marketing tradicional siguen siendo válidas, pero es importante que los profesionales de este ámbito sean capaces de complementarlas y actualizarlas con las nuevas herramientas disponibles, para que sus estrategias no queden obsoletas.

El profesional del marketing *on-line* ha de tener un profundo conocimiento de la Red, dominar las herramientas 2.0 y conocer los diferentes canales existentes, tener nociones de posicionamiento en buscadores e interesarse por el comportamiento de los usuarios en Internet. Es importante que tenga identificado dónde están sus clientes: ¿en qué plataformas?, ¿qué les preocupa?, ¿sobre qué temas hablan? Además, debería tener capacidad analítica, saber liderar, tener habilidades comunicativas y ser una persona creativa.

La formación en marketing *on-line* está bastante extendida en las escuelas de negocios españolas y en las organizaciones académicas especializadas en marketing, aunque todavía no es una disciplina habitual en los programas universitarios. También existen diversas iniciativas formativas impulsadas por asociaciones de marketing, tanto a escala nacional como internacional. En España, destaca el papel de la Asociación Española de Comercio Electrónico y Marketing Relacional (AECEM), que nació en 2005 fruto de la fusión de Asociación Española de Marketing Relacional y la Asociación Española de Comercio Electrónico.

Actualmente, los responsables de marketing *on-line* suelen ser profesionales con amplia experiencia en el campo del marketing que se han formado en las nuevas tendencias del mercado 2.0 a base de su propia experiencia.

### Director de comunicación 2.0 y relaciones públicas on-line

Otro de los departamentos que han de adaptarse al nuevo contexto es el de comunicación. Antes de profundizar en las novedades que supone la web participativa para este departamento, veamos qué funciones se le atribuyen. El primer apunte retoma lo que hemos comentado en el apartado del director de marketing: marketing y comunicación suelen confundirse, pero no son lo mismo. Hay quien dice que la comunicación es sólo una pequeña parte del marketing y esto es, en parte, cierto. La comunicación comercial es una de las piezas del *marketing-mix*. La comunicación corporativa es algo distinto. Su objetivo es dar a conocer la empresa a los diferentes grupos de interés (de ahí que también se le conozca como relaciones públicas: relaciones con los públicos) y se centra en trabajar la identidad de la organización y cómo es percibida por los públicos (imagen y reputación). Ni el marketing es más importante que la comunicación ni a la inversa, y lo recomendable es que aunque estén separados en el organigrama trabajen en estrecha colaboración. De la misma forma que nadie se cuestiona la importancia y la necesidad del departamento de finanzas o el de producción, cada una de estas áreas tiene un papel destacado en la empresa y sus funciones son clave para lograr el éxito de la misma. La principal diferencia con el resto de departamentos funcionales de la empresa es que marketing y comunicación trabajan con intangibles (aunque las ventas sean más fáciles de cuantificar), de ahí la dificultad de medir su influencia directa en la cuenta de resultados.

En cuanto a las funciones del departamento de comunicación, podemos distinguir dos grandes ámbitos: la comunicación interna y la externa. Como su propio nombre indica, la primera se refiere a la comunicación con los públicos internos. Pertenecen a este grupo los trabajadores y también se pueden incluir los públicos que tienen una relación directa con la empresa, como los proveedores y los accionistas. La comunicación externa se ocupa de gestionar la relación con los públicos externos, principalmente a través de los medios de comunicación, aunque también con otro tipo de acciones. En esta área se puede distinguir también la comunicación con los públicos institucionales, que en muchas empresas cuenta con un departamento o un responsable propio.

Incorporar la filosofía 2.0 a este departamento es esencial (no es suficiente con añadir la coletilla al final del nombre), porque es precisamente el encargado de llegar a los públicos a través de los diferentes canales existentes, y las plataformas participativas amplían considerablemente la oferta de medios disponibles para este objetivo.

El director de comunicación, también conocido como "dircom", se ocupa de:

- Definir la estrategia de comunicación externa de la empresa, en colaboración con el departamento de marketing y de acuerdo con los objetivos de la empresa. Las líneas de acción se recogerán en el plan de comunicación. El departamento de comunicación es el responsable de ejecutar el plan, evaluar los resultados y proponer mejoras al respecto.

- Definir la estrategia de comunicación interna de la empresa, en colaboración con el departamento de recursos humanos. El plan de comunicación interna recogerá las líneas de acción concretas para lograr alcanzar los objetivos que se definan.

- La relación con los medios de comunicación *off-line* y *on-line*, con sus correspondientes particularidades (a veces, si el departamento es grande, hay un jefe de prensa o un jefe de medios que asume estas funciones). La comunicación masiva ya no funciona y cada vez es más importante la segmentación y la adecuación de los mensajes a cada uno de los públicos. Es importante que el dircom conozca las características y necesidades de cada medio y se adapte a ellas. De la misma forma que no se envía el mismo tipo de información a un medio económico que a uno generalista, no se debe enviar la misma nota de prensa al redactor de un diario que a un blogger. Hay que pasar del café para todos a la personalización del mensaje.

- Gestionar la identidad y la reputación de la compañía, tanto a nivel *off-line* como *on-line*, y conseguir visibilidad para la empresa.

Los profesionales de la comunicación 2.0 han de dominar las herramientas participativas y conocer en profundidad los diferentes canales *on-line* existentes. También deberían tener conocimientos de posicionamiento en buscadores, saber cómo funciona la Red y entender cómo se comportan los usuarios en Internet. Deberían tener perfectamente identificados sus grupos de interés, saber en qué plataformas *on-line* están y sobre qué temas conversan. Han de ser personas con iniciativa, con capacidad de liderazgo, creativas, empáticas y con habilidades comunicativas.

El departamento de comunicación debería depender directamente de la dirección de la empresa, como cualquier otro departamento estratégico de la organización, pero lo más importante es que la alta dirección de la compañía entienda la importancia de la comunicación y la vea como un valor estratégico. Sin el compromiso y la complicidad de los altos cargos, de nada sirve que el departamento esté "bien ubicado" en el organigrama de la empresa. Algunas compañías cuentan con un único departamento que se ocupa de la comunicación y el marketing. Es aconsejable tener separadas estas dos áreas, o al menos tener bien definidas las atribuciones que corresponden a cada una de ellas y no confundir la comunicación comercial con la comunicación corporativa.

Las empresas españolas se están interesando cada vez más por la comunicación *on-line*. Los profesionales que se dedican a este ámbito suelen tener formación en comunicación (periodismo, relaciones públicas, comunicación audiovisual) y se han especializado en el ámbito *on-line* de forma autodidacta, a través de su propia experiencia en la Red, y asistiendo a conferencias y jornadas.

### 'Community manager'

A principios de 2009, *The New York Times* anunciaba la incorporación de una *social media editor* en su plantilla. La persona seleccionada para cubrir este puesto fue Jennifer Preston, una periodista con 25 años de experiencia, cuya misión principal consistía en distribuir el contenido publicado en el diario a través de los nuevos canales 2.0.

No es la primera contratación de un responsable de medios sociales, pero sí fue una de las más sonadas. El hecho de que un medio de comunicación *off-line* de referencia como *The New York Times* hiciera un fichaje de estas características evidenciaba que algo estaba cambiando en el sector mediático. Hacía ya tiempo que los usuarios se habían convertido en los reyes de Internet, pero todavía eran pocas las empresas que se habían subido al tren de la Web participativa.

¿Podemos decir que *The New York Times* contrató a una *community manager*? ¿Qué funciones corresponden a este cargo? Según la Asociación Española de Responsables de Comunidades On-line (AERCO), es "la persona encargada de sostener, acrecentar y, en cierta forma, defender las relaciones de la empresa con sus clientes en el ámbito digital, gracias al conocimiento de las necesidades y los planteamientos estratégicos de la organización y los intereses de los clientes". Es, por tanto, el nexo de unión entre la empresa y los usuarios.

El *community manager* (CM) es el responsable de gestionar la reputación *on-line* de la empresa a través de su presencia en redes sociales y comunidades virtuales, ya sean de creación propia o generalistas, además de ser el encargado de dinamizar conversaciones que tienen lugar en estas plataformas, en relación con la empresa. Es mucho más que un simple moderador.

Las principales funciones de un *community manager* son:

- Definir los objetivos y la estrategia de presencia *on-line* de la empresa, en línea con la estrategia general de la compañía.

**Monitorizar y escuchar:**

- Detectar dónde están los usuarios que conversan sobre la empresa y el sector, en qué blogs y redes sociales.
- Seguir regularmente las conversaciones que tienen lugar en la Red relacionadas con la empresa y el sector (existen diversas herramientas de seguimiento gratuitas disponibles en la Web).

**Participar:**

- Participar en las conversaciones pertinentes iniciadas por los usuarios.
- Responder a las dudas y comentarios que estos hagan rápidamente. Si un cliente comenta un problema o se queja del servicio recibido por la empresa, el CM debe informar al departamento que corresponda.

**Crear y compartir:**

- Generar contenidos propios sobre temas relacionados con la empresa, pero sin caer en el discurso corporativo propio de las notas de prensa ni en el lenguaje comercial propio de la publicidad.
- Distribuir estos contenidos en las plataformas que se considere oportuno, tanto creadas por la empresa como generalistas.

- Iniciar nuevas conversaciones si lo considera oportuno.

**Relacionarse y conectar:**

- Ponerse en contacto con los bloggers y usuarios que tratan habitualmente temas relacionados con la empresa en la Red, de forma transparente y solicitando su permiso.
- Establecer una relación directa y honesta con estos líderes de opinión, siempre de forma transparente y dejando de lado los discursos comerciales.

**Moderar y dinamizar:**

- Incentivar la conversación cuando la participación de los usuarios disminuya.
- Moderar la conversación si fuera necesario.

**Posicionarse:**

- Representar a la empresa en la Red, sin llegar a ser un portavoz corporativo, sino un embajador cercano.
- Dejar clara la posición de la empresa si fuera necesario.

Aunque la AERCO propone referirse a este cargo como responsable de comunidad *on-line*, lo cierto es el término más extendido es el de *community mana-*

*ger*, una muestra de la fuerte influencia anglosajona que existe en todo lo que tiene que ver con Internet. Existen muchas otras formas de referirse a este puesto: *chief social media officer*, *social media planner*, *social media manager*... De entrada, estas denominaciones parecen algo más amplias que la anterior, puesto que no limitan la acción a las redes sociales *on-line* sino que incluyen otras plataformas 2.0 (otros *social media*) como los blogs, los wikis o las plataformas para compartir vídeos, por ejemplo. Sin embargo, en realidad las funciones del *community manager* se extienden a todas las plataformas digitales y no se reducen a las comunidades virtuales.

La demanda de este perfil por parte de las empresas españolas va en aumento, aunque todavía no es una figura tan común como en las compañías inglesas y norteamericanas. Normalmente, este perfil suele adscribirse al departamento de comunicación o de marketing de la empresa. También existe la posibilidad de externalizar esta función a una agencia especializada en *social media*. Cada opción tiene sus ventajas y sus desventajas: si el *community manager* forma parte de la plantilla de la organización, tendrá un conocimiento más profundo de la empresa y de sus productos; si se subcontrata este servicio a una empresa externa, se asegura una amplia experiencia en el ámbito y un profundo conocimiento de las herramientas digitales.

Muchas de las personas que desarrollan hoy en día estas funciones proceden del campo de la comunicación y se han formado a partir de su propia experiencia en los entornos 2.0. Según el documento "La función del *community manager*", elaborado por AERCO y la agencia Territorio Creativo, un CM debería tener ciertas habilidades sociales y aptitudes técnicas. Entre las primeras, destacan ser un buen comunicador, ser resolutivo, una gran capacidad empática y ser asertivo a la hora de defender las ideas propias, además de saber liderar y ser capaz de animar e incentivar la conversación, si las intervenciones de los usuarios decaen. En cuanto a las capacidades técnicas, debería ser un buen redactor y disfrutar escribiendo; tener conocimientos de marketing, publicidad y comunicación corporativa; ser un apasionado de las nuevas tecnologías, ser creativo y, por supuesto, conocer el sector donde va a trabajar. Es importante, también, que tenga capacidad de liderazgo, puesto que puede tener un equipo a su cargo. En este caso, el *community manager* sería el responsable de diseñar la estrategia global de presencia *on-line* de la empresa y delegaría otras funciones como las de gestión de la comunidad o la de moderador. Por el momento, lo más habitual es que sea una única persona la que asuma todas las funciones.

Además, como en el resto de profesiones que comentaremos, debería tener una actitud 2.0 (profundizaremos más en este aspecto en los próximos capítulos), es decir, ser abierto, accesible, honesto y transparente.

En España existe una asociación que agrupa a estos profesionales y que ya hemos citado al principio de este apartado. La Asociación Española de Responsables de Comunidades On-line (AERCO) nació en 2008 de la mano de un grupo de profesionales que desempeñaban estas funciones con el objetivo de apoyar y potenciar el puesto de *community manager* en las empresas españolas.

Uno de los debates que existe actualmente en la Red sobre la figura del *community manager* es si éste debe actuar a título personal o a título corporativo, es decir, si el CM debe presentarse y actuar con su identidad real e individualmente o si, por el contrario, debe hacerlo con el nombre de la empresa. No existe una respuesta única a esta cuestión, porque la Web 2.0 no es una ciencia y no hay una "forma correcta universal 2.0" de hacer las cosas que deba aplicarse a todas las situaciones, sino que depende de cada caso. Esta es una decisión que debe tomar la empresa, en función de sus características y de sus objetivos. Lo que habría que tener en cuenta a la hora de decidirlo es que, actualmente, la Red es una gran conversación y que quienes conversan son las personas. Algunas compañías optan por estar presentes en las diferentes plataformas con un nombre de usuario que coincide con la marca o la empresa, e incluyen los datos reales del CM en la información del perfil. Otras prefieren que sea el CM el que participe en la conversación con su usuario personal, indicando claramente su afiliación profesional y el cargo que ocupa.

**Responsable de reputación on-line**

También conocido como *online reputation manager* o *chief listening officer*, el responsable de la reputación digital gestiona la reputación de la empresa en el entorno *on-line*. Como ya hemos visto, la gestión de la reputación digital puede formar parte de las funciones del *community manager* y también de las del director de marketing y del director de comunicación 2.0. En realidad, muchos de los perfiles profesionales que describimos en estas páginas pueden considerarse puestos de trabajo independientes (con un responsable específico) o integrarse en las responsabilidades de puestos más generalistas. Sin embargo, hemos querido destacar la gestión de la reputación *on-line* porque es uno de los ámbitos que están adquiriendo mayor relevancia actualmente.

Por reputación entendemos la opinión que los demás tienen de algo o de alguien: la empresa, un producto, una persona... Es decir, el prestigio que tiene. La reputación corporativa hace referencia a cómo es percibida la empresa por los grupos de interés. La gestión de la reputación no es algo nuevo, pero sí que lo es su análisis en el entorno *on-line*. Últimamente, se han conocido casos de diversas empresas que han sufrido una crisis de reputación digital y algunos de ellos han trascendido incluso a los medios convencionales. Esto ha generado un gran interés en este ámbito. Sin embargo, lo idóneo sería que la empresa no adoptara una postura reactiva, sino que fuese proactiva en la gestión de su reputación digital (de la misma forma que debería serlo a la hora de gestionar su reputación *off-line*). No hay que temer al entorno *on-line*, sino conocerlo para aprovechar las oportunidades que ofrece y para estar preparado ante los retos que supone.

Si la empresa cuenta con un responsable de reputación *on-line*, éste será el encargado de gestionar la presencia de la compañía en la Red. Entre sus funciones, encontramos algunas de las que ya hemos comentado en los perfiles del *community manager*, director de comunicación 2.0 y director de marketing digital:

- Definir los objetivos y la estrategia de presencia *on-line* de la empresa, en línea con la estrategia general de la compañía.
- Gestionar la presencia de la empresa en la Red, a través de las diferentes plataformas existentes: blogs, redes sociales, sitio web, foros...

- Monitorizar las conversaciones sobre la empresa y el sector que tienen lugar en la Red.
- Realizar una escucha activa de estas conversaciones y responder si es necesario, tanto para dar las gracias como para resolver un malentendido o aclarar una duda.
- Identificar a las personas que lideran estas conversaciones y estar en contacto con ellas.
- Detectar los temas de interés para los usuarios y proponerlos a la persona responsable de la creación de contenidos digitales dentro de la empresa.

Las personas que gestionan la reputación *on-line* suelen tener formación en comunicación, marketing o publicidad y se han especializado en el uso de herramientas digitales a partir de su propia experiencia de usuarios. No obstante, ya existen algunos cursos sobre gestión de la reputación *on-line*.

El responsable de la gestión de la reputación digital debería tener un amplio conocimiento de Internet y una gran capacidad de escucha activa en la Red, además de ser una persona resolutiva y con iniciativa.

**Experto en analítica web**

Éste es uno de los perfiles que mayor relevancia adquiere para la empresa con el uso creciente de Internet. Una vez se ha creado el sitio web, el blog, el canal en YouTube...surgen varias preguntas: ¿cuántas visitas reciben estas plataformas?, ¿de dónde vienen estas visitas: de los buscadores, de anuncios, de enlaces directos?, ¿cómo podríamos mejorar el posicionamiento en buscadores? Existe la necesidad de medir, cuantificar y valorar el tráfico que reciben las distintas plataformas web.

Desde hace tiempo, los medios de comunicación convencionales cuentan con sistemas de medición de audiencias (para la televisión y la radio), de tirada y lectores (para la prensa). Sin embargo, todavía no existen métricas estándar para cuantificar lo que sucede en la Red, de ahí que el papel del experto en analítica web adquiera todavía una relevancia mayor. No hay un sistema estándar unificado, pero sí formas de analizar lo que pasa en Internet, y para hacerlo y poder interpretar correctamente los resultados es necesario contar con un profesional de la analítica web que, además, ayudará a la empresa a optimizar sus canales digitales.

Es importante poder medir las acciones que la empresa realiza en la Red para saber la acogida que tienen, ver cómo evolucionan las visitas de los usuarios, y poder comparar y extraer conclusiones de cara a mejorar la estrategia *on-line* de la compañía. El objetivo es optimizar los diferentes canales *on-line* de la empresa para sacar el máximo provecho de cada visita recibida. Además, medir los resultados es una forma de cuantificar el retorno de la inversión realizada, algo muy necesario en el mundo empresarial pero que no resulta sencillo en todo lo relacionado con Internet.

Según la Asociación Española de Analítica Web (AEAW), la analítica web es "la recopilación, medición, evaluación y explicación racional de los datos obtenidos de Internet, con el propósito de entender y optimizar el uso de la página web de la organización". Uno de los objetivos de la AEAW es contribuir a la estandarización de criterios de medida y análisis a escala nacional, europea y global.

El aspecto de analítica web más conocido hoy en día es el posicionamiento en buscadores. No es de extrañar, puesto que no aparecer en los primeros resultados de búsqueda es sinónimo de no existir. Sólo dos de cada diez usuarios pasan a la segunda página de resultados y apenas un 10% va más allá de la tercera página. Sin embargo, la analítica web no se limita a analizar el posicionamiento. Veamos cuáles son las principales funciones del responsable en analítica web:

- Estrategia en analítica. Definir los objetivos del web (o cualquier otra plataforma digital) de la empresa (número de visitas, de páginas vistas, de descargas; posicionamiento deseado en buscadores...) y la estrategia para alcanzarlos. Se trata de sacar el máximo provecho del web de la organización. Toda esta información debería recogerse en un plan de medios, que será el que guiará cualquier decisión relacionada con la analítica web de la empresa.

- Medir los movimientos del web. ¿Cuáles son las páginas más visitadas? ¿Cuál es la tasa de rebote? ¿De dónde vienen las visitas? Hay que hacer un seguimiento de todos estos aspectos y recoger todos los datos en informes que permitan hacer un análisis de la evolución.

- Marketing en buscadores. Conocido como SEM por sus siglas en inglés: *Search Engine Marketing*. Consiste en la promoción de la empresa en los motores de búsqueda, a través de publicidad, enlaces patrocinados... Un buen analista web deberá conocer los diferentes medios *on-line* que existen y las características de los espacios publicitarios de cada uno de ellos.

- Posicionamiento y optimización en buscadores. SEO por sus siglas en inglés: *Search Engine Optimization*. Se centra en el posicionamiento de la empresa en los buscadores.

- Gestión del tráfico. Atraer tráfico de calidad al sitio web. Si la empresa se dedica a la venta por Internet, por ejemplo, interesan las visitas que se convierten en compra. También se puede personalizar la navegación por la página según las preferencias del usuario, a través de cookies, para que la visita resulte más agradable y dure el mayor tiempo posible.

El experto en analítica web debería tener amplios conocimientos de posicionamiento en buscadores, de optimización de campañas, de e-mail marketing y de marketing digital, además de dominar los ámbitos de la publicidad *on-line* y el comercio electrónico, el análisis estadístico debería ser otro de sus puntos fuertes. Más allá de los conocimientos técnicos, es importante que la persona que se dedique a la analítica web conozca bien Internet, sea intuitiva y se interese por los comportamientos de los usuarios a la hora de navegar por la Red. Los números son importantes pero todavía lo es más intentar comprender cómo navegará el internauta cuando llegue a nuestro sitio web, y para esto resultan muy útiles las diferentes herramientas que permiten saber por qué canales llega el tráfico al web y qué patrones de visita son los más habituales: las páginas más visitadas, en qué secciones invierten más tiempo las visitas...Estos profesionales deberían tener capacidad analítica, dotes comunicativas y un gran interés por la Red.

Existen masteres y postgrados sobre buscadores y analítica web en diversas universidades españolas y también una amplia oferta de cursos *on-line*, aunque la mayoría de personas que se dedican a la analítica web hoy en día han aprendido a partir de su propia experiencia.

Actualmente, muchas empresas subcontratan los servicios de analítica web a consultoras especializadas. En las empresas que cuentan con un experto en analítica en sus organigramas, este profesional suele formar parte del departamento de marketing, aunque también puede estar adscrito al departamento de web. En cualquier caso, el experto en analítica debería trabajar en estrecha colaboración con los departamentos de web, marketing y comunicación, puesto que su estrategia debería estar alineada. Además, los datos que proporciona la analítica web son indispensables para que los departamentos de marketing y comunicación puedan medir sus campañas, valorar los resultados obtenidos y adecuar su trabajo a las tendencias de uso observadas.

**Gestor de contenidos digitales**

También conocido como *digital content manager*, podríamos definir al gestor de contenidos digitales como el redactor jefe de los contenidos digitales de la empresa. Su principal función es coordinar todos los contenidos digitales que genera la empresa, desde documentos en formato *on-line* y vídeos, pasando por *podcasts* (archivos de audio) e imágenes. Para producir todo este material, lo idóneo es contar con un equipo formado por profesionales especializados en cada uno de los ámbitos audiovisuales anteriormente citados.

En cuanto a la formación, el gestor de contenidos debería tener estudios en comunicación (comunicación audiovisual, publicidad, periodismo...) o un amplio conocimiento de este ámbito, además de nociones de lenguaje HTML y de CSS, de tratamiento de imágenes digitales y de diseño web. También necesitará conocer los principales programas de diseño y maquetación, y tener experiencia en arquitectura de contenidos y usabilidad. Algunos profesionales que desempeñan este cargo cuentan con estudios de documentación, puesto que los gestores de contenidos son documentalistas en tanto que analizan, gestionan y ordenan la información digital de la organización en función de unos criterios y sobre la base de unos objetivos. La figura del gestor de contenidos está estrechamente relacionada con la del arquitecto de la información, que veremos a continuación.

En lo que se refiere a capacidades, quien desempeñe este cargo debería ser una persona organizada y metódica, con capacidad de liderazgo (es muy posible que deba gestionar el trabajo de un equipo de colaboradores), creativa, con iniciativa y con habilidades comunicativas.

Las funciones de un gestor de contenidos son:

- Coordinar los contenidos digitales (texto, audio, vídeo, imagen) que se generan en la empresa y difundirlos a través del canal más idóneo.
- Planificar el material que necesitará cada una de las plataformas *on-line* de la organización. Si, por ejemplo, está previsto realizar una campaña de Navidad, el gestor de contenidos se encargará de gestionar la producción del material digital necesario. Es importante ir dotando de contenido los diferentes canales de forma regular.
- Velar por la calidad de los contenidos que la empresa publica en el sitio web y en el resto de plataformas *on-line* de que dispone.

Dependiendo de las atribuciones que se le den, el gestor de contenidos puede encargarse sólo de coordinar o también de crear y editar contenidos. Esto dependerá de la estructura que haya en la empresa en la que trabaja y de los recursos disponibles. Por ejemplo, si la compañía tiene un departamento de comunicación, es posible que los contenidos los generen ellos y el gestor se ocupe de colgarlos en la plataforma correspondiente. Muchas veces, estas funciones las asume el propio departamento de comunicación. De hecho, los gestores de contenidos suelen formar parte de este departamento. En realidad, esto es lo idóneo, puesto que tanto los contenidos *on-line* como *off-line* deberían seguir una misma línea, y ser coherentes entre sí y con la estrategia general de la empresa. Como ya hemos apuntado anteriormente, la comunicación 2.0 ha de verse como un complemento de la comunicación tradicional, nunca como un sustituto o algo independiente. Las empresas deberían apostar por una gestión integral de la comunicación, donde los diferentes tipos de comunicación de la organización vayan de la mano y caminen hacia un objetivo común.

**Arquitecto de la información digital**

Si la arquitectura es el arte de proyectar edificios, el arquitecto de la información *on-line* es la persona que se encarga de seleccionar, organizar y estructurar la información en el sitio web. Este perfil profesional guarda una estrecha relación con la figura del gestor de contenidos digitales y con la del documentalista, puesto que todos ellos se ocupan de ordenar contenidos, de una forma u otra. Por eso, si en la organización existen estos tres puestos de trabajo, los profesionales que los ocupan deberían trabajar de forma coordinada y en estrecha colaboración.

Además, el arquitecto de la información trabajará mano a mano con el diseñador gráfico, que es quien se encargará de traducir las directrices del arquitecto en un sitio web visualmente atractivo y usable que proporcione una excelente y gratificante experiencia de usuario (una interacción satisfactoria). Sólo de esta forma se podrá garantizar una correcta arquitectura del sitio web, ya que se trata de un proceso transversal que se inicia en el momento en el que el arquitecto diseña el árbol de contenidos y finaliza cuando el diseñador lo traduce en una interfaz gráfica. Podríamos decir que el arquitecto de la información es el nexo de unión entre diseñadores, programadores y redactores de contenidos.

El arquitecto de la información se encarga de:

- Diseñar el mapa web: del diseño visual se encargará a un diseñador gráfico, pero el arquitecto de la información es quien dibuja el árbol de contenidos del sitio: cuáles serán las secciones principales y las secundarias; cómo se estructurarán los contenidos... El objetivo es que la estructura facilite la recuperación de la información por parte del usuario.

- Centrarse en el usuario: debe conseguir que converjan las necesidades del usuario con los objetivos del sitio web, es decir, es quien alinea los objetivos de los clientes (que son quienes visitarán el web) con los de la organización. La experiencia de usuario es un factor clave en el trabajo del arquitecto de la información *on-line*.

- Velar por la usabilidad y accesibilidad del web: la estructura del *site* debe facilitar la navegación del usuario, que debería ser, en la medida de lo posible, intuitiva. La información ha de estar organizada de tal manera que el cliente pueda localizarla fácilmente. Los menús han de ser claros y de fácil comprensión. Además, el sitio web debería ser accesible para todos los internautas, incluso para aquellos que tienen algún tipo de discapacidad.

- Etiquetar el contenido de forma que se facilite el acceso a la información a través de los motores de búsqueda.
- Organizar y sistematizar la información que genera la organización: decidir en qué sección se incluirá o si es necesario crear un nuevo apartado para incorporarla.

Los profesionales que ocupan este puesto suelen tener formación en Biblioteconomía y Documentación o alguna de las llamadas Ciencias de la información (Periodismo, Comunicación, Publicidad), y cuentan con amplios conocimientos de Internet. Es aconsejable que conozcan los principales programas de diseño digital, para saber las diferentes opciones que ofrecen a la hora de organizar la información. Tendrían que tener nociones básicas de lenguaje html y de tecnologías XML y similares, y un amplio conocimiento de las posibilidades que brinda el hipertexto. En cuanto a habilidades, las personas que desempeñen este cargo deberían ser profesionales ordenados y meticulosos con el tratamiento de los datos, además de tener una gran capacidad de análisis y ser resolutivos.

Normalmente, esta figura suele depender del departamento web o de sistemas, y debería trabajar en estrecha colaboración con el gestor de contenidos y con el departamento de comunicación y de marketing, puesto que todos trabajan con información de la organización. Toda esta información debería gestionarse de forma unificada y con una visión global.

Existen asociaciones profesionales de arquitectos de la información en Estados Unidos y desde 2005 se organiza un congreso sobre este ámbito a escala europea, el European Information Architecture Summit. En España, hay una comunidad virtual que reúne a profesionales dedicados a la usabilidad, la arquitectura de información y el diseño de interacción. Cadius, la Comunidad de Arquitectura de Información y Usabilidad (http://www.cadius.org), cuenta con una lista de discusión y organiza encuentros periódicos en varias ciudades.

El papel de los arquitectos de la información adquiere especial relevancia en el marco de lo que se conoce como Web 3.0 o web semántica, que es la evolución de la web actual. La semántica hace referencia al significado, así que el objetivo principal de la Web 3.0 es conseguir que los ordenadores puedan llegar a "entender" el contenido que hay en la Red de una forma mucho más exhaustiva. Actualmente, la mayoría de contenidos que hay en Internet contienen información sobre el aspecto físico con que deben presentarse al usuario: estructura, colores, tipo de letra... El objetivo de la Web 3.0 es incluir datos adicionales en estos contenidos (a través de nuevos lenguajes) que describan el significado de la información. Esto permitirá mejorar los resultados que ofrecen los buscadores, de manera que cuando el usuario realice una búsqueda, la información que obtendrá se ajustará más a la consulta realizada, y los resultados obtenidos serán mucho más relevantes y afines.

El primer paso hacia el 3.0 consiste en etiquetar los contenidos, una funcionalidad que ya ofrecen muchas aplicaciones sociales. Sin embargo, para construir una web totalmente semántica es necesario incluir mucha más información en los contenidos, no visible para el usuario pero comprensible para los ordenadores, y aquí es donde los arquitectos de la información tienen un papel clave.

### Experto en usabilidad

Se entiende por usabilidad la facilidad de uso de un sitio web. Así, el experto en usabilidad se encarga de que las páginas web sean fáciles de usar por parte de los internautas. Según el experto en usabilidad Jakob Nielsen, un web usable ha de cumplir estas características de calidad: que la navegación resulte sencilla e intuitiva; que el diseño sea eficiente, fácil de entender y de recordar, y que resulte visualmente atractivo. Para lograr esto, el diseño web debe centrarse en el usuario y priorizar la facilidad de uso y no la estética, que también es importante pero que nunca debe anteponerse.

Muy relacionada con la usabilidad está la accesibilidad del sitio web, que se ocupa de garantizar que el web sea accesible para todo tipo de usuarios; es decir, que está adaptado para la navegación de personas con algún tipo de discapacidad o deficiencia. Una web accesible, por ejemplo, ofrece la opción de aumentar el tamaño de la fuente para facilitar la lectura de las personas con problemas de visión. Además de permitir el acceso web a las personas discapacitadas, estas aplicaciones también facilitan la navegación a aquellas personas que, por su edad, han perdido agudeza visual.

Aunque no existe una normativa oficial de usabilidad web, el Consorcio World Wide Web (W3C), que dirige Tim Berners-Lee (el creador de las www) publica regularmente recomendaciones sobre éste y otros ámbitos relacionados, con el objetivo de desarrollar estándares web que permitan aprovechar todo el potencial de Internet.

La usabilidad está estrechamente relacionada con el diseño web, por lo que muchos de los expertos en este campo son diseñadores que han aprendido de forma autodidacta, puesto que no existe una formación específica sobre usabilidad. La base teórica de esta disciplina se basa en la psicología cognitiva, concretamente en la interacción persona-ordenador, un ámbito que ha sido muy estudiado y está muy desarrollado en Estados Unidos.

Las funciones de un experto en usabilidad son:

- Garantizar que el sitio web es fácil de usar y cumple con las recomendaciones de accesibilidad, y eliminar cualquier barrera de accesibilidad.
- Evaluar y mejorar continuamente la usabilidad del web. Para ello, puede realizar tests de usuarios, que miden la facilidad con que estos navegan por el sitio web. Lo idóneo es que en estas pruebas participen usuarios de diferentes perfiles previamente definidos, para asegurar la diversidad y obtener datos más significativos.
- Colaborar con el diseñador para que el sitio web se centre en el usuario sin dejar de lado el aspecto visual.
- Colaborar con el arquitecto de la información en el diseño de la estructura del sitio y en la organización de los contenidos, para que la navegación sea sencilla e intuitiva.
- Trabajar en estrecha colaboración con el responsable de marketing para conocer el perfil de los usuarios que visitan el sitio web y cuáles son sus necesidades.

- Colaborar con el departamento de comunicación y relaciones públicas y con el gestor de contenidos digitales para asegurar la usabilidad y la accesibilidad de los contenidos generados.

El profesional que desempeñe estas funciones debería tener un amplio y profundo conocimiento de Internet, ser una persona dinámica y flexible, creativa y capaz de centrarse en el usuario, y con capacidad de trabajo en equipo, puesto que tendrá que trabajar en colaboración con otros departamentos de la empresa.

**Formador en comunicación 2.0**

En la mayoría de perfiles profesionales que hemos presentado, hemos comentado que su formación es principalmente autodidacta. También hemos apuntado que la oferta formativa en estos ámbitos está en auge, puesto que la demanda también está en continuo crecimiento. En este contexto tan dinámico, la figura de los formadores en comunicación 2.0 adquiere un papel destacado, puestos que ellos son los que prepararán a muchos de los profesionales que desempeñen estos cargos en el futuro.

¿Qué formación deberían tener las personas que se dediquen a formar en comunicación 2.0? Por supuesto, deben dominar este ámbito, y en concreto la disciplina sobre la cual vayan a impartir formación: marketing, relaciones públicas y/o publicidad, y también tener un profundo conocimiento de las nuevas tecnologías y de las herramientas digitales. No se puede enseñar aquello que se desconoce.

Además, puesto que se dedican a enseñar, deberían tener habilidades docentes y comunicativas, ser capaces de transmitir su conocimiento y de despertar el interés de los participantes, para conseguir así su implicación y fomentar la participación. Como cualquier formador, deberían actualizar continuamente sus conocimientos y estar al día de las últimas tendencias del sector.

Es importante saber que en el entorno digital cada vez son más habituales los cursos virtuales y los webinars (seminarios a través de Internet), así que un formador en comunicación 2.0 debería estar preparado para impartir clases tanto de forma presencial como virtual. Esto requiere un conocimiento profundo de las dos modalidades de docencia posibles, puesto que cada una de ellas demanda un tipo de contenidos y una forma específica de trabajar y de transmitir el conocimiento, que aproveche al máximo las opciones existentes y el potencial de cada medio.

## Otros profesionales que necesitan reinventarse

La mayoría de los perfiles que acabamos de ver hacen referencia a nuevas profesiones. Sin embargo, ya hemos comentado que también algunas profesiones ya existentes, como el director de marketing o de comunicación, deberían adaptarse a este nuevo contexto. Otros profesionales del ámbito de la comunicación que necesitan reinventarse son los siguientes:

### Diseñador web

A su formación ha de añadir un buen conocimiento de las herramientas 2.0, de los estándares de usabilidad y accesibilidad, además de conocer los criterios de arquitectura de la información. En sus diseños, debería ser capaz de compaginar la estética con la facilidad de uso por parte de los usuarios.

### Periodista

Los periodistas deberían aprender a redactar para la web. No se trata de desaprender las normas básicas de redacción, sino de actualizar los conocimientos y adaptarlos a un nuevo medio. Es importante que los redactores digitales conozcan el comportamiento del usuario a la hora de consumir información en sitios web, como, por ejemplo, que éste no lee en pantalla sino que escanea el texto. Por otra parte, la lectura digital no es lineal, sino hipertextual; así que el contenido debería ser también hipertextual y aprovechar los enlaces para ofrecer un texto con distintos niveles de lectura, de manera que el lector pueda ampliar la información si lo desea, a través de la navegación. Además, los contenidos web deberían aprovechar al máximo los recursos audiovisuales y no limitarse a utilizar la palabra. Vídeos, fotos, cortes de voz, infografías interactivas...ayudarán a completar la información y a mejorar la experiencia del usuario.

**Programador**

Ha de saber desarrollar aplicaciones para redes sociales y blogs, por lo que deberá conocer las principales herramientas de publicación de blogs (Blogger, Wordpress...) y las comunidades virtuales (Facebook, MySpace, LinkedIn...). Además de los lenguajes de programación ya habituales, debería saber trabajar con Cascading Style Sheets (CSS, hojas de estilo), un lenguaje que define el estilo del documento y describe cómo se va a mostrar en pantalla, cómo se va a imprimir... También ha de estar familiarizado con el software libre.

Es importante que esté al día de las últimas plataformas que vayan apareciendo. Normalmente, suelen crearse comunidades de desarrolladores web en torno a las nuevas herramientas, donde se comparte información sobre la creación de aplicaciones y cómo trabajar en estos entornos.

### Creativo publicitario

Los creativos publicitarios han de conocer muy bien Internet y los nuevos soportes publicitarios para poder segmentar adecuadamente sus campañas y aprovechar al máximo las nuevas oportunidades que este medio ofrece. Deberían conocer las últimas novedades del sector, como por ejemplo las campañas virales, que se propagan rápidamente por la Red. El ejemplo más conocido de este tipo de campañas es el "Amo a Laura", de la MTV. Además, ha de dominar los distintos sistemas de medición de la efectividad de campañas en la Red (coste por "click", coste por impresión...) y tener nociones de posicionamiento web. También debería saber gestionar campañas integradas (*on-line* y *off-line*).

### "Copy" digital

De la misma forma que los periodistas digitales, los redactores de textos comerciales (*copys*) también han de conocer el comportamiento del usuario en la Web para poder adaptar sus contenidos y conseguir la máxima eficiencia. Dado que el internauta escanea la pantalla, en lugar de leer linealmente, tal y como haría con un documento impreso, los textos comerciales en la Red deberían aprovechar los enlaces para atraer la atención del lector y orientar el escaneo que realiza de la pantalla según sus objetivos. Es importante también que domine el hipertexto, para aprovechar todo su potencial y poder ofrecer diferentes niveles de lectura y de profundización en la información.

### "Project manager"

Las funciones del director de proyectos también se ven alteradas con el auge de las tecnologías 2.0, puesto que aumenta la flexibilidad laboral y cada vez es más habitual que los colaboradores de un proyecto no compartan ubicación geográfica. Por estas razones, el *project manager* ha de conocer las nuevas herramientas de gestión de trabajo *on-line*, como los Wikis y las aplicaciones web que permiten trabajar en línea a través del navegador Web, sin necesidad de descargar los documentos en el ordenador, de forma simultánea o asíncrona. También son muy útiles los programas que permiten hacer llamadas telefónicas a través del ordenador de forma gratuita o a un coste muy bajo, como Skype, pues facilitan la comunicación entre los colaboradores.

## COMPETENCIAS BÁSICAS PARA EL NUEVO CONTEXTO

A lo largo de esta radiografía sobre el nuevo escenario laboral que dibuja Internet en los ámbitos de la comunicación y el marketing, hemos visto que en la mayoría de casos no existe una formación reglada específica para cada uno de los puestos de trabajo. No es de extrañar, ya que la mayoría de ellos son muy recientes y todavía no han alcanzado la madurez. Sin embargo, esto hace que en muchas ocasiones sea difícil definir estas profesiones, que no vienen respaldadas por un título académico y que todavía no están asentadas en los organigramas de la mayoría de empresas españolas.

En cada uno de los perfiles comentados, nos hemos detenido a analizar la formación que suelen tener los profesionales que los ocupan y hemos apuntado también las competencias y habilidades que es deseable que posean. Además de las competencias específicas, en la mayoría de los casos hemos señalado que las personas que desempeñen estas funciones deberían tener una serie de competencias 2.0. En este apartado concretamos cuáles son.

## Competencias 2.0

Aunque las llamemos competencias 2.0, en realidad no nos centramos sólo en competencias digitales, sino también incluimos competencias *off-line* que consideramos que son básicas para no perderse en este nuevo contexto. Encontramos tanto habilidades relacionadas con procesos (trabajo flexible, nuevas formas de organización empresarial...) como con el ejercicio de profesiones relacionadas con el ámbito de la comunicación (uso de herramientas 2.0, entender al nuevo consumidor...).

Estas competencias clave son:

### Conocimiento de las herramientas 2.0.

Hay que tener un conocimiento profundo de las herramientas existentes y estar al día de las novedades que van apareciendo, tanto en cuanto a canales (blogs, redes sociales, comunidades virtuales, canales de vídeo por Internet, lugares donde compartir imágenes...) como a herramientas de métrica (buscadores específicos de las diferentes plataformas existentes, servicios que permiten medir conversaciones...).

### Flexibilidad y capacidad de adaptación

Los cambios son una constante en la sociedad actual y todo indica que esta tendencia se mantendrá en el futuro. Se desvanece la idea del "trabajo para toda la vida". Los profesionales han de ser flexibles y estar dispuestos a adaptarse a las nuevas necesidades del mercado. La predisposición al cambio es un valor añadido para un profesional de la comunicación y el marketing *on-line*.

**Reciclaje continuo**

La tecnología avanza a un ritmo muy rápido y esto incide directamente en el sector de la comunicación (marketing, publicidad, relaciones públicas). Los profesionales de estos sectores han de actualizar continuamente sus conocimientos para no quedar desfasados y poder dar respuesta a las necesidades cambiantes de los clientes y de las empresas. Si el consumidor cambia, la empresa ha de cambiar con él, y el profesional de la comunicación ha de adaptarse a estos cambios.

**Creatividad**

En momentos de cambios continuos y en especial en contextos de recesión, cuando los presupuestos son ajustados, la creatividad adquiere un papel aún más relevante. Ser capaz de dar respuesta a los problemas de una forma creativa y de afrontar las nuevas situaciones de una manera distinta resulta muy positivo y casi imprescindible en un entorno turbulento. No se trata de hacer milagros, sino de atreverse a combinar los recursos disponibles de nuevas formas.

### Capacidad de innovación

En línea con lo que hemos comentado sobre creatividad, y muy relacionado con la idea de plantearse de forma diferente las situaciones nuevas o los viejos problemas, nos encontramos con la innovación. Según el diccionario, innovar es alterar algo introduciendo novedades, pero también significa volver al estado anterior. En comunicación y marketing se puede innovar de forma rompedora, introduciendo cambios, pero también volviendo a la esencia. Recuperar los valores tradicionales puede ser una manera de cambiar las cosas, en un entorno en el que el ritmo acelerado ha provocado que en muchos casos se perdieran los referentes. Como hemos comentado a lo largo del libro, la Web 2.0 es una revolución cultural, una nueva forma de entender Internet, que aporta nuevas herramientas y proporciona nuevas maneras de hacer las cosas, pero las bases de la comunicación siguen siendo las mismas. La esencia, que quizá había quedado algo olvidada, sigue siendo comunicarse, conversar y dialogar. Las nuevas herramientas facilitan que esto suceda.

### Iniciativa

Este sería el tercer elemento en la tríada encabezada por la creatividad y la innovación. En el mundo digital, se necesitan profesionales proactivos capaces de tomar la iniciativa, siempre valorando los posibles riesgos que se derivan de estas acciones. La estrategia reactiva no funciona en la Red, porque esperar a que haya una crisis para actuar puede poner en peligro la reputación de la empresa y dañar su imagen de forma irreversible. El más vale prevenir cobra un valor especial en el mundo *on-line*.

### Trabajo en equipo y a distancia

Trabajar en equipo es cada vez más necesario en un mundo interconectado que se basa en el conocimiento compartido. En el ámbito de la comunicación 2.0 interactúan diversas disciplinas, como hemos ido viendo a lo largo del libro, y la cooperación entre diferentes profesionales resulta indispensable. Es necesario contar con equipos pluridisciplinares y profesionales versátiles preparados para adaptarse al cambio constante.

Además, las nuevas tecnologías flexibilizan la organización laboral. Ahora los equipos de trabajo no tienen porqué compartir un espacio físico, sino que pueden estar en distintos lugares e incluso en diferentes países. Internet acaba con las fronteras de espacio y tiempo, y permite trabajar a distancia y en equipo, a través de herramientas colaborativas como los wikis y de aplicaciones en línea como Google Docs.

Para trabajar en equipo, ya sea de forma presencial o a distancia, es importante compartir un objetivo común y que cada miembro se comprometa a cumplir su cometido. Si se trabaja a distancia, además es necesario ser tenaz y contar con un alto nivel de autodisciplina.

**Capacidad crítica**

Ante la gran proliferación de fuentes y contenidos, es esencial contar con espíritu crítico para discernir lo que vale la pena de lo que no. Uno de los aspectos que a menudo se critica de Internet es la dificultad de verificar la autenticidad de las fuentes emisoras. Ante esta realidad, es el receptor quien ha de ser capaz de discriminar los contenidos atendiendo a los criterios que considere oportunos; por ejemplo: que la información vaya firmada, que el autor de los contenidos se identifique claramente, que se mencionen las fuentes de información utilizadas... Sólo de esta forma se puede navegar en el exceso de información sin llegar a perder el rumbo.

**Gestión del tiempo**

La Web 2.0 es rápida e inmediata. Las conversaciones se producen continuamente y sin descanso. Trabajar en este entorno requiere que el profesional sea versátil y multitarea, es decir, capaz de trabajar en diversos temas y plataformas a la vez. En este sentido, es importante también que sepa distribuir adecuadamente el tiempo de la jornada laboral entre todas las tareas que ha de realizar.

**Mente abierta**

Ser curioso, interesarse por las novedades en el sector y por los avances tecnológicos, y mostrarse predispuesto a probar las nuevas herramientas que vayan apareciendo. El miedo no lleva a ninguna parte y no hay por qué temer a la tecnología. No hay que olvidar que es ella la que está a nuestro servicio, y no al revés. Tener la mente abierta y ser receptivo ayudan a estar siempre al día.

**Tener una visión integral y estratégica de la comunicación**

Como ya hemos visto en la definición de las diferentes profesiones, la gestión de la comunicación en las empresas debería tender a la integración. Todos los departamentos que trabajan los diferentes aspectos de la comunicación (marketing, comunicación, recursos humanos...) tendrían que trabajar de forma coordinada. Es importante que todos los profesionales que intervienen en este proceso tengan una visión global de la comunicación, porque de otra forma cada uno de ellos perseguirá un objetivo distinto, en lugar de caminar juntos en una misma dirección. Además, es importante enfocar esta gestión de forma estratégica, en base a unos objetivos, con una planificación adecuada, una ejecución excelente y valorando regularmente los resultados, para poder adaptarse rápidamente a las nuevas necesidades que puedan ir apareciendo.

**Gestión de la incertidumbre**

El profesional 2.0 ha de saber trabajar bajo presión y gestionar momentos difíciles, que seguro que los habrá. Cuando aparezcan los problemas, no hay que precipitarse, sino ser capaz de tomar decisiones meditadas aunque rápidas. Por otra parte, hay que saber que la Red no descansa: la conversación es continua y no entiende de fines de semana ni festivos. No hay que obsesionarse con estar siempre conectado (también es necesario desconectar), pero sí ser consciente de que los clientes pueden estar opinando en cualquier momento.

**Crear un ambiente de confianza**

Como veremos en el siguiente apartado, la honestidad y la transparencia son dos de los valores esenciales en la Web 2.0. Con estas dos premisas, se logrará inspirar confianza en los usuarios. Se trata, en definitiva, de crear un ambiente de confianza entre la empresa y los clientes. Para conseguirlo, primero tendrá que haber un ambiente de confianza dentro de la organización y entre los profesionales que gestionan la comunicación. En caso contrario, se trataría de un engaño: no se puede transmitir aquello en lo que no se cree. Y, como vamos a ver a continuación, mentir puede ser uno de los errores más graves en el entorno 2.0.

## NETIQUETA SOCIAL: LAS NORMAS NO ESCRITAS

Las normas básicas de comportamiento en el ciberespacio reciben el nombre de netiqueta. Podríamos decir que son las normas de urbanidad de los internautas: ¿cómo responder a un e-mail?, ¿cómo escribir un comentario en un blog?, ¿cómo participar en un foro? Estas reglas no escritas también son compartidas en el entorno 2.0. De hecho, en este contexto se enriquecen y amplían. En realidad, muchas de estas "reglas no escritas" no son exclusivas del mundo digital, sino que son el espejo de las compartidas en el entorno *off-line*, pero no está de más saber que existen y conocerlas.

Por otra parte, también hay una serie de valores que en el entorno digital adquieren mayor relevancia que en el mundo *off-line*, aunque también son compartidos. Valores como la honestidad y la transparencia, por ejemplo, son fuertemente defendidos por los internautas, que castigan duramente a aquellos usuarios que no los comparten y respetan. En este capítulo ofrecemos algunas recomendaciones para saber comportarse adecuadamente en el entorno 2.0.

Como reza el refrán, allí donde fueres, haz lo que vieres. La mayoría de estos consejos se basan en la experiencia de usuario. Una de las mejores maneras de aprender a comportarse y a actuar en la Red es, precisamente, navegar mucho por ella, para saber cómo funciona, cuáles son las pautas que se siguen habitualmente y los comportamientos más usuales.

## Código de conducta 2.0

A continuación se ofrecen algunos consejos para saber cómo comportarse adecuadamente en la Web 2.0:

**Lenguaje cercano pero correcto**

En la Red, el lenguaje corporativo no tiene cabida. Tal y como dice el Manifiesto Cluetrain, los mercados son conversaciones, y son las personas las que pueden conversar, no las empresas a nivel corporativo. No es aconsejable emplear un tono comercial o excesivamente formal a la hora de escribir un blog o participar en una red social. Como en las conversaciones, se trata de hablar de tú a tú, aunque no hay que confundir el coloquialismo con la falta de respeto y las incorrecciones gramaticales. Por ejemplo, no está bien visto utilizar el lenguaje SMS ni hacer faltas de ortografía. Resulta útil conocer algunas "normas de estilo", como que escribir en mayúscula es sinónimo de gritar o que se pueden utilizar emoticonos para dar información sobre nuestro estado de ánimo.

### Ser proactivo

Hay que adoptar una postura proactiva y no temer a las nuevas plataformas digitales. El miedo se basa en el desconocimiento, así que la mejor medicina para acabar con él es atreverse a probar estas herramientas con una mentalidad abierta y una predisposición positiva. No hay que temer la pérdida de control del mensaje, de hecho, tampoco en el entorno *off-line* se puede controlar todo lo que se dice de la empresa. Sin embargo, sí que es posible gestionar la conversación que tiene lugar alrededor de la compañía y nadie nos impide participar en ella. Existen riesgos, pero también oportunidades. Es mejor anticiparse que esperar a que haya una crisis de reputación digital que nos obligue a actuar de forma reactiva. También en el mundo digital, más vale prevenir.

### De los errores, se aprende

Cuando nos adentramos en un nuevo terreno, es normal tener miedo a equivocarse, pero si hay un entorno que no penaliza el error, ése es el 2.0. En la era del conocimiento compartido, el aprendizaje es continuo. Nadie nace enseñado. La clave está en no tener miedo a equivocarse, porque de los errores, se aprende. Hay que probar las nuevas herramientas, descubrir cómo funcionan, acertar y equivocarse, porque sólo así se puede aprender. La experiencia es una gran maestra, y más en el entorno 2.0, como hemos visto.

### No mentir

Ser transparente no significa decir toda la verdad, pero sí que todo lo que digas sea cierto. En la empresa, puede haber temas reservados a los que no se pueda dar publicidad y que, por tanto, no se podrán mencionar ni en plataformas *off-line* ni *on-line*. Como en el entorno analógico, la mentira es duramente castigada en la blogosfera y en la Red, y puede suponer un duro golpe en la reputación de la compañía. Se han dado casos de empresas que han intentado hacer creer a los internautas lo que no era (haciendo pasar por comentarios de clientes desinteresados contenidos creados por el departamento de marketing, por ejemplo), y cuando se ha descubierto el engaño, la mentira ha corrido por la Red como la pólvora, dejando fuertemente dañada la imagen de la empresa. Es muy fácil perder la confianza de los consumidores, pero muy difícil recuperarla.

### Las críticas son constructivas

Aunque no nos guste, hemos de ser conscientes de que siempre habrá clientes que no estén satisfechos con nuestros productos o servicios, y usuarios que no compartan nuestro punto de vista. La diversidad enriquece y no debe verse como una amenaza. Los comentarios negativos que los clientes hagan en blogs, redes sociales o cualquier otra plataforma digital son una información muy valiosa para la empresa, y le dan la oportunidad de mejorar. Los insultos y las quejas infundadas están fuera de lugar, pero las críticas son constructivas, también en el entorno digital.

### Ante todo, sentido común

En el fondo, como ya hemos dicho en varias ocasiones a lo largo del libro, el mundo digital no es un mundo aparte, sino que convive con el mundo analógico. Los dos son reales y muy similares en muchos aspectos. El mejor consejo para saber cómo comportarse en el entorno digital es comportarse como uno lo haría en el mundo físico. ¿Te dirigirías a alguien que no conoces a gritos? ¿Le insultarías? ¿Le contarías intimidades sin conocerle? La posibilidad de actuar en la Red de forma anónima o con una identidad ficticia no justifica la falta de respeto o la agresión verbal. Aplicar el sentido común es la mejor recomendación también en el mundo 2.0.

## Cultura 2.0

A modo de resumen, a continuación exponemos las cualidades que se valoran en la web social y que todo profesional (y usuario) debería conocer y compartir:

**Honestidad**

La mentira no tiene cabida en la Web 2.0. Los profesionales deberían ser transparentes y sinceros, y no mentir nunca. Es mejor reconocer que no se puede dar un dato que dar uno falso. No se trata de explicarlo todo, pero sí de decir siempre la verdad.

**Confianza**

Ganarse la confianza de los usuarios es la clave para construir la reputación digital. Para inspirar confianza, hay que ser sincero, transparente, coherente y sensato.

**Solidaridad**

La Web 2.0 es un entorno colaborativo y de aprendizaje. De la misma forma que podemos aprender de los contenidos de otros, sería recomendable aportar también valor a la Red con contenidos propios y de calidad, o redistribuyendo los contenidos generados por terceros que consideremos interesantes.

**Agradecimiento**

Siempre hay que agradecer un comentario recibido y la referencia en un blog, red social o cualquier otra plataforma. Esto ayuda a generar comunidad y permite entrar en contacto con otros internautas con intereses afines.

**Respeto y tolerancia**

En un entorno participativo, cada persona tiene derecho a opinar de forma respetuosa. De la misma manera que nos gusta que escuchen y respeten nuestra opinión, hemos de ser tolerantes con puntos de vista que difieran de los nuestros.

**Humildad**

En la web del conocimiento compartido, nadie lo sabe todo ni es más que los demás. Tener una plataforma digital propia no nos hace superiores. También en la Web 2.0, todos somos iguales.

**Responsabilidad y autorregulación**

En la Red, cada usuario es responsable de sus actos. Dado que la legislación avanza a un ritmo más lento que la tecnología y todavía no contempla todos los escenarios ni supuestos digitales, la autorregulación se erige como la clave para la convivencia digital. Como en la vida *off-line*, no hagas lo que no te gustaría que te hicieran ni trates a los demás como no te gustaría ser tratado.

**Flexibilidad**

La rigidez está reñida con las nuevas tecnologías. Es necesario tener una mentalidad abierta al cambio y saber adaptarse a las novedades. Hay que aceptar que lo que sucede en la Red no se puede controlar, aunque sí se puede gestionar la conversación en el entorno digital.

## SER DIGITAL: cómo prepararse para el futuro inmediato

Después de analizar el nuevo contexto laboral, de hacer un rápido repaso de las profesiones 2.0 y de aquellas que han de adaptarse a las nuevas necesidades, de resumir las competencias básicas para este nuevo escenario y de apuntar algunas consideraciones generales de la filosofía 2.0, seguramente os estaréis preguntando: ¿y ahora qué?

Retomando la analogía con la teoría de la evolución de las especies de Darwin, vale la pena ponerse manos a la obra para estar preparado para el hoy y, sobre todo, para el mañana. Más allá de alarmarse por los cambios que se están produciendo, se trata de tomar las riendas de la situación y ver este nuevo escenario como una oportunidad profesional. La primera regla para estar preparado para el futuro inminente consiste en aceptar que el cambio es una constante en la sociedad actual y que las nuevas tecnologías avanzan a ritmos acelerados. Para poder adaptarse a este entorno cambiante, hay que ser flexible y tener la mente abierta.

El contexto cambia y los profesionales han de reinvertarse y reciclarse para seguir siendo competitivos. Es cierto que la formación reglada todavía no da respuesta a muchas de estas necesidades, pero la formación no reglada se adapta más rápido y ya se ofrecen cursos sobre las herramientas 2.0, y regularmente se organizan conferencias y jornadas sobre estos temas en las principales ciudades españolas. Además, las nuevas tecnologías brindan nuevas posibilidades, y proliferan a una velocidad vertiginosa la oferta de cursos *on-line* y los foros virtuales donde profundizar sobre estos temas. No se aprende sólo en los libros, también en la Red. No se aprende sólo leyendo, sino también creando, compartiendo y conversando.

Los nuevos profesionales han de entender la formación continua como una necesidad en este nuevo entorno. Nunca dejamos de aprender, porque a diario aparecen nuevas herramientas, aplicaciones, plataformas... Lo que hoy es nuevo, mañana ya no lo es. En realidad, no importa tanto el título oficial que se tiene como la predisposición positiva a aprender continuamente y a ser receptivos a las novedades que aparezcan.

Ser un profesional 2.0 no es una etiqueta ni un título que se consiga al finalizar un programa. Ser un profesional 2.0 es más una actitud que un nuevo cargo. Ser digital es una actitud (más información sobre este concepto en el manual *Visibilidad*, de ACED, AR-

QUÉS et al., 2009). La tecnología juega un papel clave en este nuevo contexto, como hemos ido viendo a lo largo de estas páginas, pero es sólo una herramienta que, por sí sola, carece de valor. Lo verdaderamente importante es el uso que le demos. Las herramientas 2.0 son un medio, nunca un fin. Lo importante es conocerlas, utilizarlas y aprovechar las nuevas oportunidades que ofrecen para los profesionales y para la empresa.

La Web 2.0 es una forma de entender la realidad. El gran reto es que supone un cambio de mentalidad, una nueva forma de hacer las cosas. No es suficiente con trasladar las formas de actuar del mundo *off-line* al mundo *on-line*. En realidad, son dos ámbitos que se complementan, y el mundo *on-line* no deja de ser un reflejo del *off-line*. Sin embargo, para entender este nuevo contexto es necesario atreverse a hacer las cosas de otro modo, ser flexibles y asumir nuevos roles.

El profesional de hoy y del futuro ha de ser un profesional polifacético. No ha de saberlo todo, puesto que eso es imposible, pero ha de ser lo suficiente curioso para hacerse preguntas y cuestionarse aquello que ocurre a su alrededor. Ha de estar dispuesto a aprender cada día y a replantearse sus ideas sin miedo y con un espíritu crítico. Las claves para entender el hoy y superar los retos del mañana se resumen en tres cualidades: ser proactivo, estar predispuesto al cambio y tener una actitud positiva ante las novedades tecnológicas. Los conocimientos se pueden (y deben) adquirir y renovar día a día.

## Bibliografía


- **Aced, C.; Arqués, N.; Benítez, M.; Llodrà, B.; Sanagustín, E.**, (2009). *Visibilidad. Cómo gestionar la reputación en Internet.* Barcelona: Gestión 2000.
- **Benítez, M.**, (2009). *Cibermaneras. Comunicación, cortesía y consejos de convivencia en la red.* Barcelona: Gestión 2000.
- **Locke; C.; Levine, R.; Weinberger, D. y Searls, D.**, (2009). *El Manifiesto Cluetrain. El ocaso de la empresa convencional.* Barcelona: Gestión 2000. Disponible en: http://www.cluetrain.com.
- **Mora, JM.** (ed.), (2009). *10 ensayos de comunicación institucional.* Navarra: EUNSA.
- **O'Reilly, T.**, (2005). "Qué es Web 2.0. Patrones del diseño y modelos del negocio para la siguiente generación del software" [en línea]. Fundación Telefónica. Disponible en: http://bit.ly/61RJ7.
- **Sanagustin, E.** (ed.), (2009). *Del 1.0 al 2.0. Claves para entender el nuevo marketing*

[en línea]. Barcelona: Bubok. Disponible en: http://www.clavesdelnuevomarketing.com.

- "La función del Community Manager. Cómo las empresas están organizándose para crear y hacer crecer sus Comunidades", elaborado por AERCO y la agencia Territorio Creativo. Noviembre de 2009. Disponible en: http://bit.ly/20yyN7.

## Enlaces de interés:

- American Marketing Association (AMA): http://www.marketingpower.com.
- Asociación Española de Responsables de Comunidad (AERCO): http://www.aercomunidad.org.
- Asociación Española de Analítica Web (AEAW): http://www.aeaw.es.
- Cadius, la Comunidad de Arquitectura de Información y Usabilidad: http://www.cadius.org.
- European Information Architecture Summit: http://www.euroia.org.

Todos los enlaces citados en este libro y los de otros recursos consultados para escribirlo se pueden consultar en Delicious (http://delicious.com/nuevas_profesiones). El listado se irá actualizando regularmente con nuevos enlaces sobre el tema.

Made in United States
North Haven, CT
04 November 2026

21767234R00055